AF246503

DÉPÔT LÉGAL
IMPRIMERIE
N. 44
1879

RECELS

DE

BOISSONS

PAR

LES DÉBITANTS

TYP. OBERTHUR ET FILS, A RENNES, FAUB. DE PARIS, 42

M^{on} à Paris, rue Salomon-de-Caus, 4 (square des Arts-et-Métiers)

—

1879

RECELS DE BOISSONS

PAR

LES DÉBITANTS

Pièc
8° F
297.

CONTRIBUTIONS INDIRECTES

GUIDE PRATIQUE DE L'EMPLOYÉ

POUR LA

Constatation des Recélés en matière de boissons

(Application des art. 53 et 61 de la loi du 28 avril 1816, et 9 de la loi du 21 juin 1873, interprétés d'après la jurisprudence la plus récente)

Par M. A. BERTRAND

EMPLOYÉ A L'ADMINISTRATION CENTRALE DES CONTRIBUTIONS INDIRECTES

PRIX DE L'OUVRAGE RENDU FRANCO A DOMICILE

1 fr. en un mandat-poste (*affranchir*)

S'ADRESSER A L'AUTEUR

TYP. OBERTHUR & FILS, A RENNES, FAUB. DE PARIS, 42
Maison à Paris, rue Salomon-de-Caus, 4 (square des Arts-et-Métiers)

1879

PREMIÈRE PARTIE

TABLEAU INDICATEUR

Des opérations à accomplir pour la validité des procès-verbaux et la constatation régulière des recélés.

En partant de la case 1 (col. 1 du tableau) et en suivant les renvois de la troisième colonne qui correspondent aux numéros inscrits dans la première, on obtient la solution que comporte chaque cas particulier, après avoir parcouru 3, 4, 5, 6, etc., cases, suivant l'espèce.

EXEMPLE : Soit des boissons recélées dans une dépendance de la maison du débit dont l'assujetti, propriétaire, a cédé la jouissance à un tiers par bail authentique.

Commençant par la case 1, le tableau donne les résultats suivants :

1º Maison où est établi le débit   2

2 Débitant propriétaire   5

5 Locaux loués à des tiers   8

8 Représentation d'un bail authentique   12. Art. 237 à observer (Voir l'annexe C, §§ 1 et 2).

12 S'il existe des preuves de fait, saisir et impliquer le tiers au procès comme recéleur (Voir les annexes C, G et H).

Dans la négative, pas de saisie.

TABLEAU

Avis essentiel. — Dans la première case, il s'agit de l'immeuble où sont situées les boissons dont on veut opérer la saisie. C'est à ce point de vue qu'il convient de se placer pour suivre le tableau.

Il est toujours bon de produire un plan exact

Nota. — Les locaux dépendant de la maison du débit et communiquant intérieurement avec celui-ci sont placés sous le même régime que la maison du débit elle-même (conséquence de l'arrêt de cass. du 30 décembre 1876, jur. n° 195).

des lieux à l'appui des dossiers contentieux.

NUMÉROS D'ORDRE des cases.	POSITION DE LA QUESTION.	NUMÉROS renvoyant à ceux des cases (col. 1).	Formalités à observer. — Résultat obtenu. — Marche à suivre et renvois aux annexes indiquant la jurisprudence applicable.
1	2	3	4
1	Maison où est établi le débit.................	2	
	Maison séparée du débit....................	4	
2	Débitant propriétaire par indivis avec un tiers habitant également la maison..............	3	
	Débitant propriétaire ou principal locataire.....	5	
	Débitant ni propriétaire ni principal locataire...	6	
3	Débit communiquant intérieurement avec les autres parties de la maison...............		Saisir. — Les boissons trouvées dans un local dépendant de la maison du débit sont légalement présumées appartenir au débitant. Art. 61 de la loi du 28 avril 1816 (Paris, 6 mars 1875, jur. n° 192).
	Débit ne communiquant pas intérieurement avec les autres parties de la maison..........	12	Art. 237 de la loi du 28 avril 1816 à observer.

Suivez

NUMÉROS D'ORDRE des cases.	POSITION DE LA QUESTION.	NUMÉROS renvoyant à ceux des cases (col. 1).	Formalités à observer. — Résultat obtenu. — Marche à suivre et renvois aux annexes indiquant la jurisprudence applicable.
1	2	3	4
4	Débitant propriétaire ou locataire par bail, même verbal, mais déclaré à l'enregistrement.....	7	
	Débitant ni propriétaire ni locataire..........	12	Art. 237 de la loi du 28 avril 1816 à observer.
5	Locaux occupés par le débitant		Saisir pour introduction frauduleuse (Art. 53 de la loi du 28 avril 1816).
	Locaux loués ou sous-loués à des tiers........	8	
6	Maison partiellement occupée par le débitant seul habitant		Saisir. — Les boissons trouvées dans la maison sont légalement présumées appartenir au débitant. Art. 61 de la loi du 28 avril 1816 (Voir page 18, annexe E, § 1).
	Maison occupée par le débitant et le propriétaire.	9	(Voir page 19, annexe E, §§ 2 et 3).
	Maison occupée par le débitant et d'autres locataires................................	11	(Voir page 19, annexe E, § 2).
7	Représentation d'un bail attribuant la jouissance du local à un tiers ou même simple déclaration verbale de location à un tiers ou même encore sous-location par bail..............	12	NOTA. — Ce bail peut être verbal ou sous seings-privés (Art. 237 précité à observer).
	Défaut de justification ou de déclaration de location à un tiers		Saisir. — Le débitant est légalement présumé propriétaire de tout ce que son immeuble contient (Voir page 14, annexe A, §§ 1 et 2). Cette présomption découle, non de l'art. 61 précité, mais de sa qualité de propriétaire ou de locataire.

Suivez

NUMÉROS D'ORDRE des cases. 1	POSITION DE LA QUESTION. 2	NUMÉROS renvoyant à ceux des cases (col. 1). 3	Formalités à observer. — Résultat obtenu. — Marche à suivre et renvois aux annexes indiquant la jurisprudence applicable. 4
8	Représentation d'un bail authentique..........	12	Art. 237 précité à observer (Voir page 16, annexe C, §§ 1 et 2).
	Non-représentation immédiate d'un bail authentique.................................		Saisir pour introduction frauduleuse. Art. 53 précité (Voir page 17, annexe D, §§ 1, 2 et 3). En cas de représentation d'un bail authentique postérieurement au procès-verbal, voir page 18 le nota de l'annexe D.
9	Communications intérieures.................	10	NOTA. — On entend par communications intérieures, les communications inaccessibles au public ou invisibles de la voie publique (Sens des arrêts de cass. du 12 mai 1877, jur. nos 196 et 197).
	Pas de communications intérieures...........	12	Voir page 19, annexe E, §§ 3 et 4, et nota ci-dessus.
10	Accessibles au public ou visibles de la voie publique.............................	12	Pas de présomption légale (Voir page 20, annexe F, §§ 1 et 2).
	Inaccessibles au public ou invisibles de la voie publique..........................	13	
11	Communication intérieure des caves du débitant et des locataires par un couloir commun.....	12	Art. 237 précité à observer. — Pas de présomption légale. — Faire supprimer la communication et, s'il y a impossibilité, provoquer un arrêté préfectoral (Art. 62 et suivants de la loi du 28 avril 1816).
	Communication directe du débit avec le logement d'un locataire.............................	12	

Suivez

NUMÉROS D'ORDRE des cases.	POSITION DE LA QUESTION.	NUMÉROS renvoyant à ceux des cases (col. 1).	Formalités à observer. — Résultat obtenu. — Marche à suivre et renvois aux annexes indiquant la jurisprudence applicable.
1	2	3	4
12	Preuves de fait..........................		Saisir. — Tribunal souverain. — Impliquer le tiers comme recéleur. Pour les preuves de fait, voir pages 15 et 21, annexe B et H. Pour la complicité, voir page 20, annexe G.
	Pas de preuves de fait.....................		Pas de saisie.
13	Par des trous pratiqués dans le mur ou par de petites ouvertures autres que les portes ou croisées, etc............................		Pas de saisie, mais sommer par acte extrajudiciaire le débitant d'avoir à sceller la communication ou ouverture dans un bref délai ; faute par l'assujetti de s'exécuter, rédiger un procès-verbal en forme, dans lequel serait constaté l'état des lieux ; puis délivrer une assignation tendant à ce que le débitant soit condamné à se conformer aux prescriptions de l'art. 61, à peine de payer telle somme par chaque jour de retard. Répertoire des annales, *verbo* Recélé).
	Par des portes, croisées, corridors, cours, jardins, etc...............................		Présomption légale. — Saisir (sens des arrêts de cassation du 12 mai 1877, jur. nᵒˢ 196 et 197). Si le propriétaire s'était réservé le local en litige par bail authentique, il n'y aurait plus présomption légale. Il faudrait alors recourir aux preuves de fait (nᵒ 12 ci-dessus), et, s'il en existait, verbaliser contre le débitant (art. 61) et contre le propriétaire recéleur (art. 9).

Fin.

DEUXIÈME PARTIE

ANNEXES DU TABLEAU PRÉCÉDENT

ANNEXE A

Maison séparée du débit, mais appartenant au débitant.

§ 1. — Un débitant peut être condamné pour recel, en dehors de son domicile, lorsque les boissons ont été saisies dans une maison lui appartenant, voisine de son débit et bien qu'il n'y ait pas communication intérieure, s'il résulte, soit des constatations du procès-verbal, soit des débats, qu'il s'est réservé la jouissance d'une cave dans cette maison. — Les boissons trouvées dans cette cave sont réputées lui appartenir (Cass., 5 février 1859, jur. nº 183).

§ 2. — Les débitants de boissons doivent déclarer toutes les boissons qu'ils ont en leur possession, même celles placées en dehors de l'habitation où ils exercent leur commerce. Le défaut de déclaration de ces boissons constitue le recel prohibé par l'art. 61 de la loi du 28 avril 1816 (Grenoble, 29 janvier 1876, jur. nº 187).

ANNEXE B

Maison séparée du débit et n'appartenant pas au débitant.

§ 1. — La preuve du recélé de boissons, par un débitant, dans une maison appartenant à un tiers, peut être administrée, soit par témoins, soit par la production de documents officiels (Riom, 15 décembre 1875, jur. nº 185) (*).

§ 2. — La possession, par un débitant, de la clef d'une cave voisine de son habitation, constitue une présomption de recélé et cette présomption peut entraîner la conviction des juges, lorsqu'elle n'est combattue par aucune preuve offrant un caractère sérieux et qu'elle se trouve, au contraire, confirmée par d'autres circonstances de la cause (Montpellier, 20 décembre 1875, jur. nº 186) (*).

Nota. — Cette présomption, tirée de la possession de la clef, n'est pas absolue. Elle a besoin d'être appuyée par d'autres preuves concordantes.

Ne pas confondre, d'ailleurs, la présomption simple avec la présomption légale :

La présomption simple est celle qui résulte de faits et de circonstances dont les juges du 1er et du 2e degré sont appréciateurs souverains (à cet égard, pas de recours en cassation possible, à moins de vices de forme).

La présomption légale, au contraire, dérive du texte même de la loi, et son rejet par les juges de première instance et d'appel peut motiver un recours en cassation.

(*) Impliquer le tiers comme recéleur (art. 9 de la loi du 21 juin 1873).

ANNEXE C

Maison du débit appartenant au débitant, mais partiellement louée à un tiers par bail authentique

(Cas où le recel peut néanmoins être établi par des preuves).

§ 1. — Lorsqu'il résulte des circonstances constatées au procès-verbal qu'un débitant a recélé des boissons dans une cave dépendant de la maison dont il est propriétaire et dans laquelle est situé son débit, l'existence d'un bail authentique attribuant à un tiers la jouissance de cette cave n'est pas un obstacle aux poursuites (Dijon, 14 février 1877, jur. nº 193) (*).

§ 2. — La présomption légale que crée, en faveur d'un débitant, l'existence d'un bail authentique attribuant à un tiers la jouissance d'un local dépendant de sa maison, cesse lorsqu'il résulte avec évidence des circonstances énoncées au procès-verbal que des boissons déposées dans ce local sont la propriété du débitant; dans ce cas, l'assujetti est passible des peines encourues pour recélé (Nancy, 25 juin 1877, jur. nº 194) (*).

Nota. — Pour les preuves à rapporter, voir page 21, l'annexe H.

(*) Impliquer le tiers comme recéleur (art. 9 de la loi du 21 juin 1873).

ANNEXE D

Débitant propriétaire ou principal locataire de la maison du débit.

§ 1. — Lorsqu'un débitant est propriétaire ou principal locataire de la maison où il exploite son commerce, il est légalement présumé avoir la libre disposition de toutes les dépendances de cette maison, et les boissons qui s'y trouvent sont réputées lui appartenir. Cette présomption légale ne cesse que devant la production d'un bail authentique établissant que le local où les boissons ont été trouvées a été loué à un tiers (Metz, 22 avril 1869, jur. nº 188. — Chambéry, 14 août 1869, jur. nº 189).

§ 2. — Le débitant, principal locataire d'une maison où il exerce son commerce, est tenu de justifier, par la production d'un bail authentique, de la sous-location faite par lui à un tiers d'une partie de cette maison ; à défaut de quoi, il est présumé propriétaire de toutes les boissons existant dans ladite maison (Grenoble, 10 juin 1876, jur. nº 191).

§ 3. — Les employés des Contributions indirectes peuvent pénétrer, sans se conformer aux prescriptions de l'art. 237 de la loi du 28 avril 1816, dans une cave dépendant de la maison d'un débitant et en communication intérieure avec le débit si, au moment de la visite, il ne leur est pas présenté un bail authentique établissant la location à un tiers. Dans ces conditions de dépendance et de communication intérieure, les boissons trouvées dans la cave non déclarée sont présumées être la propriété du débitant (Arr. cass., 30 décembre 1876, jur. n° 195).

Nota. — La présomption légale résultant de l'art. 61 disparaît si un bail authentique, d'une date antérieure au procès-verbal, vient à être ultérieurement représenté (Répertoire des annales, *verbo* Recélé, § 5).

Toutefois, les employés ont légalement pénétré dans les locaux sans remplir les formalités prescrites par l'art. 237, du moment qu'un bail authentique ne leur est pas immédiatement représenté ; leur procès-verbal n'est donc pas, de ce chef, entaché de nullité (Arr. cass., 10 novembre 1836).

Il peut même arriver que le procès-verbal (qui n'est pas nul) contienne des preuves de fait permettant d'établir que les boissons déposées dans le local loué appartiennent au débitant (voir les annexes C et H) ; alors, non-seulement le débitant peut être condamné, mais encore le tiers peut être poursuivi comme recéleur.

ANNEXE E

Maison du débit appartenant à un tiers.

§ 1. — Un débitant extraordinaire de boissons, temporairement établi dans une maison non habitée, appartenant à un tiers, est légalement présumé locataire des caves existant dans cette maison et propriétaire des boissons qu'elles renferment. Cette présomption légale ne pourrait tomber que devant la production d'un bail authentique établissant que le propriétaire de l'immeuble s'est réservé la jouissance du local où sont trouvées les boissons présumées recélées (Chambéry, 6 avril 1876, jur. n° 190).

§ 2. — La prohibition intimée aux propriétaires, par l'art. 61 de la loi du 28 avril 1816, de laisser entrer chez eux des boissons appartenant aux débitants sans qu'il y ait bail par acte authentique, des lieux où les boissons seront placées, ne s'applique pas aux locaux ostensiblement affectés à l'exploitation du débit (Arr. cass., 12 mai 1877, jur. n° 196).

§ 3. — En cas de location partielle et de découverte de boissons dans un local dont le propriétaire, qui justifie légalement de sa qualité, a conservé la possession, la preuve que les boissons appartiennent au débitant est à défaut de communication intérieure, à la charge de la Régie et la présomption de recel établie par l'art. 61 de la loi du 28 avril 1816 est, dans ce cas, inapplicable (Arr. cass., 12 mai 1876, jur. n° 196).

§ 4. — Un propriétaire non débitant peut, à la charge de justifier légalement de sa propriété, louer par bail non authentique, mais ayant date certaine, à un débitant soumis à l'exercice, soit un immeuble en totalité, soit, à défaut de communications intérieures, une partie seulement de cet immeuble, sans que la présomption légale de recel établie par l'art. 61 de la loi du 28 avril 1816 puisse être opposée ni à lui, ni au débitant, à l'égard de boissons non reconnues appartenir à ce dernier, revendiquées par le propriétaire et découvertes dans un local dont il a conservé la possession et la jouissance, par exemple dans un hangar attenant à la maison louée, mais distinct (Arr. cass., 12 mai 1877, jur. n° 197).

ANNEXE F

Communications intérieures.

§ 1. — C'est à bon droit qu'un arrêt déclare la non-existence de communications intérieures entre le débit et deux caves, dont l'une est située du côté du jardin, lorsqu'il n'est pas constaté que le débit ait une issue de ce côté, ni que le jardin soit entouré d'une clôture faisant obstacle à l'accès ou aux regards du public (Arr. cass., 12 mai 1877, jur. n° 196).

§ 2. — L'existence d'une porte fermée à clef, mais non scellée, dans une cour commune à la maison louée et au hangar réservé, ladite cour non close et ouverte à tout le monde, ne constitue pas, surtout lorsque la possession de la clef par le débitant n'est pas établie, une communication intérieure, au sens légal (Arr. cass., 12 mai 1877, jur. n° 197).

ANNEXE G

Art. 9 de la loi du 21 juin 1873.

§ 1. — Le locataire d'un débitant, bien qu'il ait eu le tort de revendiquer des boissons appartenant à l'assujetti, ne peut être déclaré complice, à raison de ses déclarations, de la contravention commise par celui-ci. Ce fait ne le rend passible d'aucune peine (Arr. cass., 5 février 1859, jur. n° 183). *Confirmé postérieurement à 1873 par l'arrêt ci-après.*

§ 2. — Lorsqu'un débitant est légalement présumé propriétaire de la cave où se trouvaient les boissons saisies comme étant recélées, un tiers ne peut encourir l'inculpation de l'art. 9 (Chambéry, 6 avril 1876, jur. n° 190).

§ 3. — N'est passible d'aucune peine, le tiers dont le rôle, dans une affaire de recélé, s'est borné à revendiquer mensongèrement des boissons appartenant au débitant, et d'avoir prétendu à la jouissance d'une cave dont ce dernier est locataire (Chambéry, 6 avril 1876, jur. n° 190).

Nota. — Pour qu'une personne tombe sous l'application des peines édictées par l'art. 9 de la loi du 21 juin 1873, il faut :

1° Que les boissons aient été trouvées dans un lieu dont elle a la jouissance;

2° Qu'elles soient reconnues appartenir à un assujetti;

3° Que le détenteur les ait sciemment recélées, c'est-à-dire, qu'il y ait concert frauduleux entre lui et l'assujetti.

(Jur., 2ᵉ volume, page 58).

ANNEXE H

Preuves de fait.

Il s'agit d'établir ou que le débitant a la jouissance du local dans lequel les boissons présumées recélées ont été trouvées ou que ces boissons sont sa propriété, et il est bon de réunir le plus grand nombre de preuves et d'établir leur concordance.

Nature des preuves.

Débitant qui a été vu sortir de la cave en litige avec ou sans vases vides ou pleins à la main. — Objets y renfermés déclarés ou reconnus appartenir à l'assujetti. — Réception par le recéleur de quantités de boissons en disproportion avec ses besoins ou sa situation pécuniaire. — Possession ou indices de la possession par le débitant de la clef de ladite cave. — Diminution sensible des ventes dans le débit. — Nombreux fûts en perce et en vidange, etc., etc.

Voir aussi page 15, l'annexe B.

LÉGISLATION

Art. 53 de la loi du 28 avril 1816.

Les boissons déclarées par les dénommés en l'art. 50 seront comptées et prises en charge aux registres portatifs des commis. A cet effet, les futailles seront jaugées et marquées par les employés, les boissons dégustées et le degré des eaux-de-vie et esprits vérifié; il en sera de même de toutes les boissons qui arriveront chez les vendants en détail pendant le cours du débit, et qui ne pourront être introduites dans leur domicile, leurs caves ou celliers, qu'en vertu de congés, acquits-à-caution ou passavants, lesquels seront produits lors des visites et exercices et seront relatés dans les actes de charge.

Art. 61 de la loi du 28 avril 1816.

Il est fait défense aux vendants en détail de recéler des

boissons dans leurs maisons ou ailleurs, et à tous propriétaires ou principaux locataires de laisser entrer chez eux des boissons appartenant aux débitants, sans qu'il y ait bail par acte authentique pour les caves, celliers, magasins et autres lieux où seront placées lesdites boissons. Toute communication intérieure entre les maisons des débitants et les maisons voisines est interdite, et les commis sont autorisés à exiger qu'elle soit scellée.

Art. 237 de la loi du 28 avril 1816.

En cas de soupçon de fraude à l'égard des particuliers non sujets à l'exercice, les employés pourront faire des visites dans l'intérieur des habitations, en se faisant assister du juge de paix, du maire, de son adjoint ou du commissaire de police, lesquels seront tenus de déférer à la réquisition qui leur en sera faite et qui sera transcrite en tête du procès-verbal. Ces visites ne pourront avoir lieu que d'après l'ordre d'un employé supérieur du grade de contrôleur au moins, qui rendra compte des motifs au directeur du département.

Art. 9 de la loi du 21 juin 1873.

Toute personne convaincue d'avoir sciemment recélé dans des caves, celliers, magasins ou autres locaux dont elle a la jouissance, des boissons qui auront été reconnues appartenir à un débitant, à un marchand en gros, à un distillateur ou à un bouilleur, sera punie des peines portées par l'art. 7 de la présente loi ou par l'art. 1er de la loi du 28 février 1872, suivant les cas, sans préjudice des peines encourues par l'auteur de la fraude.

TABLE

Typographie Oberthür et fils, à Rennes, faubourg de Paris.

www.ingramcontent.com/pod-product-compliance
Lightning Source LLC
LaVergne TN
LVHW010129060726
842524LV00005B/1816